U0314607

莆田南少林武术内养功法

莆田南少林武术协会 组织编写

吴鹤 洪光荣 编著

化学工业出版社

·北京·

内容简介

本书讲述了莆田南少林武术内练养生功法,将武术的"外"与"内"、"练"与"养"紧密结合,通过对身体有关穴位的刺激、按摩,以及意识、呼吸、动作等各种方法的练习,使周身经络气血通畅,真气运行,外练内养,从而达到身心和谐,增强免疫力的效果。全书彩色印刷,有功法要诀,有功法演练。

本书中功法以自我锻炼的形式,不需要特定的场地、器材,很适合居家练习,可供武术、健身爱好者使用。

图书在版编目(CIP)数据

莆田南少林武术内养功法/莆田南少林武术协会组织编写;吴鹤,洪光荣编著. —北京:化学工业出版社,2023.2
ISBN 978-7-122-42888-2

Ⅰ.①莆… Ⅱ.①莆…②吴…③洪… Ⅲ.①少林武术-基本知识 Ⅳ.①G852

中国国家版本馆CIP数据核字(2023)第022600号

责任编辑:韩庆利
责任校对:宋　夏
装帧设计:刘丽华

出版发行:化学工业出版社
　　　　(北京市东城区青年湖南街13号　邮政编码100011)
印　　装:盛大(天津)印刷有限公司
787mm×1092mm　1/16　印张14$\frac{1}{2}$　字数178千字
2023年2月北京第1版第1次印刷

购书咨询:010-64518888
售后服务:010-64518899
网　　址:http://www.cip.com.cn
凡购买本书,如有缺损质量问题,本社销售中心负责调换。

定　价:198.00元　　　　　　版权所有　违者必究

《莆田南少林武术内养功法》

编委会

策　划　林国开

主　任　洪光荣

副主任　吴鹤　王群

委　员　（以下排名不分先后）

林国开　吴鹤　洪光荣

王群　徐先棋　宋宏儒

拍　摄　李鹏涛　陈寿雨　林国希

序一

福建武术名宿、莆田武术的领军人物洪光荣先生，在刚出版了《莆田南少林武术》和《莆田南少林武术专辑》两部大作之后，又一部《莆田南少林武术内养功法》即将出版。这是洪光荣先生即将出版的第三部大作，亦是福建民间传统武术挖掘、研究、整理的又一新成果，可喜可贺！

洪光荣先生出版的前两部大作主要是介绍莆田的武术历史以及长期在民间广泛流行的传统拳种、套路、功法以及主要人物，填补了莆田优秀武术拳种、武术人物、武术文字及图片记载的空白。而正要付梓的这部《莆田南少林武术内养功法》，则是将他所掌握的、并经过长期实践证明有健身奇效的内养功法公诸于社会，造福于大众。这是大善事、大好事！

自古以来，地处闽中的莆田文昌武炽，民风质朴，是闻名遐迩的武术之乡和礼仪之城，其尚武之风绵延上千年。历史上，莆田曾涌现出不少文、武状元。据史载，科举史上福建第一位可考的武状元，就是莆田仙游人薛奕。薛奕于宋熙宁九年（1076年）中了丙辰科武状元，同科的文状元徐铎文亦是福建莆田人。同一科的文、武状元出自同一个地方，这在科举史上是极为罕见的。神宗皇帝十分高兴，当即赋诗一首："一方文武魁天下，四海英雄入彀中。"数百年来，莆田崇文尚武的历史传统一直得到传承延续，习武弄棒成为莆田民众生活的重要内容，民间至今仍保留着许多珍贵的拳种、技法以及康养功法。改革开放四十余年来，莆田市为福建省体工队、为国家队输送了数十位优秀的武术运动员，他们屡屡在全国和亚洲、世界武术大赛中摘取桂冠，为国家争得了荣誉，也为世人展示了中华武术的魅力和风采。

洪光荣先生出生于莆田的一个中医世家，他从小刻苦练武学医，稍长又随兰少周先生学练南北拳械，不断自我磨砺，武艺不断精进。1974年他入选省武术队接受规范训练，1975年代表福建省参加第三届全运会武术比赛，荣获南拳第八名。1979年，洪光荣先生作为福建省的优秀选手，参加了在广西南宁举行的"全国武术观摩交流大会"，这次大会各门各派高手云集。洪光荣所演练的鹤拳，静如仙鹤梳羽，动似雷霆万钧，以意运气，以气催力，气势如虹，将福建鹤拳的风格和技法表现得淋漓尽致，得到了赛场观众的喝彩。艰苦的武术训练伴随着洪光荣从一个英武少年步入稳健中年。从武术赛场上虎虎生威的优胜者成为一名国家高级教练，他培养出了一批批优秀的武术运动员。又从一位辛勤耕耘的教练员成为莆田市重点业余体育学校校长，并身兼着众多的社会职务：福建省武术协会副会长、莆田南少林武术协会会长、福建省跆拳道协会副会长、福建省健身气功协会副会长、福建省南少林武术促进会副会长、国家级社会体育指导员等。并被评为全国千名优秀武术辅导员、全国业余体育训练先进工作者。还是福建省非物质文化遗产保护项目"南少林武术（莆田）"代表性传承人。成为福建省、莆田市武术、跆拳道、健身气功事业发展的领头人。

洪光荣先生的武术人生相当丰富、传奇和精彩。他当过运动员，在全省、全国乃至国际武术赛场上荣获奖项，在各种交流场合宣扬福建传统武术，是武坛上的一位名将。他不仅精于武术，还擅长拳击、散打、跆拳道等，每一个项目都做得相当出色。他当过教练，数十年间为国家培养了众多的优秀运动员，并把他们输送到高校接受高等教育。他当过校长，在培养体育后备人才过程中，使孩子们德、智、体、美得到全面发展。他还身怀绝技，表演的各种硬气功，能让你看得目瞪口呆。他多次作为中国武术代表团成员访问日本、新加坡、马来西亚等，和各国武术界进行交流切磋，他的表演，常常技惊四座，令人叹服。1993年中央电视台体育节目主持人孙正平来莆田，为洪光荣的武术人生做了专题采访，并在中央一套节目现场转播。2008年中央电视台四套节目《走遍中国》栏目编导梁钢、宁楠专程来莆田采访洪光荣，为他拍摄了鹤拳等功夫录像，命名为"鹤影禅踪"在海内外播放……

如今，洪光荣先生虽然在校长岗位上退休了，但他仍心系着武术。他不但每日坚持练功操拳，指导学生，更是亲自提笔写作，将一生所学以及莆田的传统武术整理成册，陆续出版，继续为武术、为社会做贡献。这次即将出版的《莆田南少林武术内养功法》，是一部专门介绍武术内养的专著，运用中医经络学及养生学理论，将武术的"外"与"内"、"练"与"养"、"强体"与"养生"这一对对矛盾，以及形体与意识的修炼紧密结合。通过对身体有关穴位的刺激、按摩，以及意识、呼吸、动作等各种方法的练习，使周身经络气血通畅，真气运行，外练内养，从而达到身心和谐、增强免疫力、内壮外强、延年益寿的显著效果。因此，可以说这是一部指导人们走上健康、快乐之路的好书。有幸能读到此书的人，一定能有大的收获。

我与洪光荣先生是数十年的老朋友，平素欣赏光荣先生在武术方面的深厚造诣和不凡成就，但更钦佩他一生矢志不移的武术精神：坚韧、执着、包容、果敢、正义。一个人一辈子做一件事，做好、做精足矣。而光荣先生就是这样的人。

在洪光荣先生大作即将出版之际，写上几句，聊以为序。

林建华

2022 年 6 月 25 日

林建华：厦门大学国术与健身研究中心主任、教授；
　　　　福建省南强武术研究院院长、武术九段；
　　　　福建省武术协会副会长、国际级武术裁判。

序 二

中华武术博大精深，源远流长，它不仅是强身健体的运动，更是宝贵的文化遗产，挖掘，整理，弘扬其精髓是我们这一代武术人的义务和责任。"健康中国2030"规划纲要的颁布，把健康中国提升为国家发展战略，加强武医融合是健康中国战略下促进国民健康事业发展的新趋势。我国民间在很早就有了武医融合的功法和体系，如太极拳、易筋经、五禽戏、八段锦、六字诀等。福建是南少林的故乡，历代武林高手众多，近十多年来全省各地武术爱好者相继出版了许多武术书籍，给福建省武术文化增添了许多光彩，也给中华武术留下了深厚的历史印记。

洪光荣老师现任福建省武术协会副会长，莆田南少林武术协会会长。1975年参加第三届全运会，荣获南拳第八名，并多次在全国、国际武术大赛上荣获奖项。曾从事竞技武术、散打、拳击、跆拳道的教练工作，培养出多位运动健将和冠军运动员，向国家队、福建省体工队、解放军体工队及高等体育院校输送了30多位优秀运动员。1983年被国家体委授予"全国千名优秀武术辅导员"，2000年被国家体育总局、教育部联合表彰授予"全国青少年体育工作先进工作者"，中国跆拳道协会授予"贡献奖"。退休后又从事健身气功的推广和教学工作，又被国家体育总局健身气功管理中心授予"全国健身气功推广先进个人"。曾被莆田市人民政府授予"莆田市劳动模范""莆田市拔尖人才"。2021年还被福建省武术协会授予"突出贡献老武术家"，其领导的莆田南少林武术协会同时被授予"武术工作先进集体"。

由洪光荣会长等人编著的《莆田南少林武术内养功法》，内容和练功方法与众不同，有丰富而实用的中医经络基础知识，是结合人体穴位特点，编出的大众可学易练、见效快的练习方法。本套内养功法不需要特设场地、器材，不受练习时间限制，可以根据个人身体需要，选择其中某段落功法练习，达到疏通经脉、增强免疫力、怡情养性、舒畅心胸的目的。洪光荣老师能够如此运用武术和中医经络相结合来编著本书，这得益于他从小跟随父亲练武学医，日长月久累积了实践经验，才能如此倾心尽力地将传统的武医相结合的练功方法毫无保留地奉献社会，这种老骥伏枥、初心不变的精神难能可贵，值得我们学习。

本人应嘱作序，深感荣幸！

福建省武术协会会长：

2022年　立夏

前 言

中国武术博大精深、历史悠久、门派繁多。套路和练功方法百花齐放、琳琅满目、各有所长，民间俗称为："内家拳和外家拳"。练功方法各有千秋，练家将其概括为"外练筋骨皮，内练一口气（精、气、神）"。古代习武重在实战，现代习武重在健身养生。倡导"功法不分高与低，能强身健体则优""预防重于医治"的康养新理念。

前两年我们已相继出版了《莆田南少林武术》和《莆田南少林武术专辑》两本专著。这两本著作介绍了莆田南少林武术历史上曾经涌现出的12位武状元以及他们各自的朝代，图文并茂地记载、传承、延续了至今有迹可循可证的莆田南少林武术主要流派，杨少奇祖师（1880—1942年）和其亲自传授的弟子兰少周（又名蓝钊，1898—1992年）传承至今的传统拳术、器械以及对练，详细介绍了其代表性拳术"三十六宝"传统拳术。书中共有21个套路，隶属于外练筋骨皮的拳脚类。

本书中的功法隶属于莆田南少林武术内练养生功法，其特点是"静中有动，防治兼有"，练习可促进气血运行至人体的四肢末端的腕、踝、指、趾，任督二脉，八脉交会穴。今首次公开面世，方法简单易学，男女老少皆宜。通过坚持不懈、持之以恒内练康养，就会感觉到周身经络气血通畅、肌肉放松、关节灵活、精力充沛、外壮内强、耳聪目明，达到"正气内存，邪不可干"健康体魄的佳境。

本书是在继承原来的功法上，编著者根据多年练功体会，本着守正创新的原则，运用中医经络穴位原理，融合传统健身、养生功法，编撰了可以达到立竿见影效果的功法招式。本功法以自我锻炼的形式，不需要特定的场地、器材，很适合居家练习，可以整套演练，也可以根据个人身体状况不同的需要，在不同的时间段，选用其中的某几个功法段落招式进行单练。

因为编著时间比较匆促，难免有不足之处，敬请方家多多谅解。

编著者

目 录

功法要诀

起势

1 双脚平行自然分开，松静站立，膝关节微屈不超过足尖，小腹微收，腰、胯自然放松，眼睛微闭（垂帘），含光聚神，沉肩坠肘，含胸拔背，舌抵上腭（搭鹊桥）。闭口藏舌，心不外驰，意念随着功法动作走向，双手从左右体侧抑掌徐徐抱球至胸前略停。

2 双手抑掌，往左右体侧徐徐撑展开，双肩胛往后夹背，略停抬头仰望。自然腹式呼吸。

3 双掌缓缓抱球含胸内收，至胸前下按抱球至丹田。松腰沉裆，身体保持中正，目光平视。

【注】眼睛微闭（垂帘），是为了宁静守神，目为肝之窍，微闭目是安魂定神的重要方法。舌抵上腭（搭鹊桥）是为接通任督二脉和增强唾液分泌（琼浆玉液）。舌根处有两穴，左为金津穴，右为玉液穴。舌抵上腭时津液会迅速生长，吞咽下能濡养、滋润内脏。腹式呼吸可使膈肌与腹肌力量增强，加大和促进胸、腹腔血液循环，减少体内淤血，促进肾上腺皮质激素分泌，改善心脏工作，促进精力充沛。

双手抑掌、夹肩背胛有助于刺激督脉旁的"膏肓穴"，唤醒、激发身体机能。

膏肓穴是人体膀胱经上的一个大穴，它位于两肩背后的肩胛缝里，第四胸椎棘突的下方，距离脊柱四指宽度的外侧。古代人认为，病入膏肓，那就是重症了。

要诀一

一、头、面、脖、颈、耳

动作

1 双掌十指微弯曲，经胸前，从前额印堂穴往头顶百会穴，再往后脑勺风池穴、风府穴，顺着左右颈部动脉、脖颈动脉往下摩运至廉泉穴。往返反复20次。

2 双手掌横向抚摩风池穴、风府穴，来回10次。

3 双掌小鱼际穴环绕双耳朵摩运各10次。

4 双手拇指、食指拉揪拔双耳垂10次。

5 双手食指插入双耳孔，左右各旋转3次后弹拨3次。

【注】头是诸阳之会，有督脉、足太阳膀胱经、足少阳胆经、手少阳三焦经等多条经络通过，经常摩运推梳头部，可以导引人体气机上升、养脑营神，有助于全身气血调达通顺，精神抖擞。

颈动脉血管是全身血液流通的重要主干道，大脑所需要的氧气、营养物质以及代谢产生的废弃物质都是通过流经颈动脉的血液来运输的。颈动脉血管是大脑供血的主要血管通道。颈动脉斑块通常发生在颈总动脉的分叉处，是由动脉粥样硬化导致的。平时如有不良的生活和饮食习惯，颈动脉容易出现斑块堵塞的问题，严重的还会危及生命和健康。通过经常性地按拉推摩，能充分保证身体当中的血液流动畅通无阻。保持血液循环的速度在平稳状态，才能有效地保证血液输氧、供氧充足和及时。

百会穴，中医称为诸阳之会，经常按揉可升阳提气，疏通经络气血，对头痛、脑热有保健作用。

耳朵上分布着掌管五脏六腑的穴位，轻揉耳轮通肾气，肾开窍于耳，所以按摩耳朵不仅能健肾，还能打通全身穴位。摩运、拉拔双耳朵，弹拨双耳窝，可促进耳部血液循环，调整脏腑机能，可健脑、明目、强肾。双手掌横向抚摩风池穴、风府穴，操作简单实用。

廉泉穴在人体的颈部，当前正中线上，喉结上方，舌骨上缘凹陷处。对言语不清、舌根急缩、舌下肿痛，有很好的保健作用。

动作（揉眼眶，揉鼻，摩面）

1 双手食指关节微屈，指腹部从印堂穴向左右绕环按摩眼眶、双眼眉弓的睛明穴、攒竹穴、丝竹空穴10次。双手拇指同时按揉双腮下的翳风穴。

2 双手食指往鼻梁两边的迎香穴上下往返轻抚摩10次，双手大拇指同时按揉双腮下的翳风穴。

3 双手掌鱼际穴沿着脸面部画圆圈按揉摩10次，食指、中指弯曲指腹画圆圈同时按揉摩太阳穴10次，

【注】睛明穴在目内眦角梢内上方凹陷处。攒竹穴在眉头凹陷中，约在目内眦直上处。丝竹空穴在眉梢的凹陷中。这3个穴位可清热明目，对视力减退、急性结膜炎、面神经麻痹，以及对眼疾有一定的保健作用。太阳穴在颞侧，眉梢与目外眦之间，向后约1横指的凹陷中，经常轻按摩可以行气活血，对醒脑也有一定的保健作用。

（1）迎香穴在鼻翼旁开1厘米左右处。经常抚摩，可以益脑通肺经，理气止血开窍，清热祛风。对鼻塞、鼻衄、面部痉挛、面肌麻痹也有一定的保健作用。

（2）翳风穴在耳垂后耳根部，从耳后突起的高骨往下摸，到耳垂下面，在颌骨后面的凹陷处。常按揉具有散风、泄热、活血、祛风、通络、通窍、聪耳、醒神的保健作用。

（3）揉眼眶、揉鼻、摩面可以促进眼睛血液循环，可明目、醒脑，可以有效预防牙龈炎，润泽脸部皮肤。按揉太阳穴可以起到疏通经络、祛风镇静、清神调阳等保健作用。

（4）风府穴在后发际正中直上1寸，枕外隆突直下，两侧斜方肌之间的凹陷中。风府穴两旁分布着风池穴。常按摩这两个穴位可以缓解大脑供血不足、头后部痛、颈部僵硬等。

二、手、足、肩、腰、髋

动作

1 双手握固一张一弛，同时双手臂、腕从身体侧转往上左右拧旋转，至头顶再往前，往下拧旋转，如此反复3次。

2 双脚掌和脚跟同时伴随着原地小提踵和上跷前脚掌。

3 双脚左右自然分开成马步，展开双掌经胸前方交叉横向弹抖。

4 朝右前方迈出右脚，双手臂朝右前上方弹抖，收回右脚，迈出左脚，双手臂朝左前上方弹抖。如此反复3次。

5 收回左马步，成朝正前方高马步，双手臂朝左右侧弹抖3次后朝正前方弹抖3次。

6 朝前方迈出右脚，右肘横撞，转肘上鞭掌、下鞭掌。右脚后撤，朝前方迈出左脚，左肘横撞，转肘上鞭掌、下鞭掌。如此反复

3次。

7　左脚后撤成马步，双掌握固置双侧腰间，变成虎爪，一张一弛徐徐往正前方，内、外旋转手臂至练习者自身的手臂长度，再往身体回收，并用空心拳撞击胸部后，从腰腹部回收。如此反复3次。

8　双掌手指并拢握固一开一合抓捏，双肩膀左右上下带动腰、髋自动旋转，如此往返3次。同时双脚掌和脚跟伴随着在原地小提踵和上跷前脚掌。

9　右手拇指横向按推揉左手腕的神门穴、大陵穴、太渊穴。食指和中指同时顺势横向按推揉左手腕背。如此反复6次后换为左手拇指横向按推揉右手腕的神门穴、大陵穴、太渊穴。食指和中指同时顺势横向按推揉右手腕背6次。

【注】

（1）握固是将大拇指扣在手掌心，指尖位于无名指根部，其余四指弯曲，中医学理论提出"肝主握"。

（2）人体上肢左右有六条三阴三阳经络，分别是心经、小肠经、心包经、三焦经、肺经、大肠经的起止点。通过抓伸、屈伸、按推揉、弹抖练习，可以有效地刺激这些穴位，对五脏六腑有很好的濡养作用。五脏为：心、肝、脾、肺、肾；六腑为：胆、胃、小肠、大肠、膀胱、三焦。

（3）神门穴在腕部腕掌侧横纹尺侧端，尺侧腕屈肌腱的桡侧凹陷处，是通经活络、养心安神的要穴。大陵穴在腕掌横纹的中点处，掌长肌腱与桡侧腕屈肌腱之间，是健脾和胃、通络止痛的要穴。太渊穴在腕掌侧横纹桡侧，桡动脉搏动处，是肺经的原穴，对调节心律不齐可以起到保健的作用。

（4）提双脚踵和上跷前脚掌可以有效刺激足三阴三阳经。

（5）横撞肘、上鞭掌、下鞭掌可以充分刺激肘关节上手少阴心经的少海穴、曲泽穴和手太阴肺经的尺泽穴。

动作

1 右手掌握推摩左手掌的鱼际穴，大拇指、食指就势摩运左手背侧面的养老穴、合谷穴。6次后变换为左手如此6次。

2 右手掌四个指腹横向左右推摩左手掌背的阳池穴、液门穴。阳池穴在手腕背侧上靠近手背部一侧的皱褶尺侧缘凹陷处。液门穴在手掌背部第4、5指间，指蹼缘后方赤白肉际处。养老穴在前臂背面尺侧，当尺骨小头近端桡侧凹陷处。6次后变换为左手如此6次。

【注】

（1）按揉阳池穴可以调节内脏器官，对感冒、气喘、胃肠病等有一定的保健作用。

（2）按揉液门穴对皮肤干燥、口干眼干、脸色晦暗、腰膝酸软有一定的保健作用。

（3）按揉养老穴能通络活血、清头明目、养护脑血管，有一定的保健作用。

（4）人体下肢左右有六条三阴三阳经络，分别是：足少阴肾经，足太阴脾经，足厥阴肝经，足阳明胃经，足少阳胆经，足太阳膀胱经。

（5）握固可以还精补脑，改善脑供氧不足、精神萎靡，对调整人体内分泌有保健作用。

动作

1 右手大拇指按揉灵道穴、内关穴，食、中指同时按揉外关穴，

10次后变换为左手如此10次。

2 右手大拇指从灵道穴、内关穴往手臂上段旋臂按揉至少海穴、曲泽穴，往返6次后变换左手如此旋臂按揉。

【注】

（1）灵道穴在人体的前臂掌侧，尺侧腕屈肌腱的侧缘，腕横纹上1.5寸处。灵道穴有宁心安神、止抽搐的作用。还可以化痰开窍、舒心气、定咳喘。

（2）少海穴在肘关节处，屈肘时，肘横纹内侧端与肱骨内上髁连线的中点，即肘横纹尺侧头凹陷处。少海穴可滋阴降火，辅助治疗前臂麻木及肘关节周围软组织疾患。

（3）曲泽穴在肘横纹中央，当肱二头肌腱的尺侧缘处。曲泽穴是心脏疾病的救护穴。对降逆和胃、清暑泄热、上肢颤动、咳嗽、肘臂痛有一定保健的作用。

（4）尺泽穴在肘横纹中，肱二头肌腱的桡侧凹陷处。尺泽穴适用于胸部胀满、咽喉肿痛、咳嗽气喘、肘臂挛痛。

（5）合谷穴在拇指和食指相连的虎口处，俗称虎口穴。属于手阳明大肠经的原穴，靠近食指骨头的一侧，当拇指和食指并拢时凸起肌肉的高点处即是。合谷穴具有镇静止痛、通经活络、清热解表的保健功能，对头部、颜面部、上肢等部位的疾病有较好的保健作用。内关穴属手厥阴心包经络穴，是麻醉、止痛的常用穴，对心律不齐、心动过快或过慢、胃炎、癔症、高血压等有一定保健作用。足三里穴是胃经的合穴，具有通经活络、疏风化湿、清热明目、补中益气、调理肠胃的功能。合谷穴、内关穴、足三里穴是历代医家养生保健的三大要穴。劳宫穴在手掌心横纹中，第2、3掌骨中间，是心包经腧穴，五行属火，按揉此穴可清心火、安心神、强心益气，对中暑、心痛、口疮、口臭均有保健的作用。

（6）内关穴在手腕第一横纹上2寸的两条筋之间，掌长肌腱与桡侧腕屈肌腱间。常按揉可宽胸理气、疏利三焦、和胃止呕、宁心安神，可以起到保健的作用。

要诀二

动作

1 双掌鱼际和掌根从胸前沿着云门穴、中府穴、膻中穴、两肋、腹部、横骨，环绕摩运往返20次。云门穴在胸外侧部，肩胛骨喙突上方，锁骨下窝凹陷处，距前正中线6寸。中府穴在胸外侧部，云门下1寸，平第一肋间隙处，距前正中线6寸。

2 双掌横向摩运神阙穴、腹部带脉穴、小腹部下丹田，双掌的十个指爪跟着推拉摩运20次。

3 双手食指和中指并拢往返按揉摩运腹股沟气冲穴和冲门穴20次。气冲穴在腹股沟稍上方，当脐中下5寸，距前正中线2寸处。冲门穴在腹股沟外侧，距耻骨联合上缘中点3.5寸，当髂外动脉搏动处的外侧。横骨穴在下腹部，当脐中下5寸，前正中线旁开0.5寸处。

4 从胸部心窝到腹部有肾经（肾经是阴经，距离腹中线任脉最近的一条经络）、胃经、脾经、肝经、胆经，五脏之经络无不汇聚集于此，推摩揉按可以帮助疏通这些经络，从而达到疏肝理气、开胃健脾、补肾养心的保健效果。

5 腹股沟的大腿根内侧有气冲穴，外侧有冲门穴，摩运拍击有助于提升阳气，促进气血运行，有助于祛瘀痰湿。

6 双拳背面从背后按揉脊柱上督脉的胆俞穴、脾俞穴、肾俞穴、胃俞穴。胆俞穴在背部，当第10胸椎棘突下旁开1.5寸处。脾俞穴在背部，当第11胸棘突下，旁开1.5寸处。胃俞穴在背部，当第12胸椎棘突下旁开1.5寸。肾俞穴在腰部，当第2腰椎棘突下旁开1.5寸处。

【注】

（1）神阙穴在腹部脐中央，是通经活络、固本回阳穴，对肠炎、痢疾有一定保健效果。带脉穴起于季肋，绕腰一周，状如束带，在侧腹部第11肋骨游离端垂线与脐平线的交点上，肝经章门穴下1.8寸处。可通调气血、温补肝肾。中府穴、云门穴，是肺经要穴，常按揉摩运可清肺泄热、理气平喘，对胸中烦痛、咳嗽、气喘、肩背痛有一定保健作用。

（2）气冲穴、冲门穴可以理气解痉、健脾利湿、止痛、舒筋活血，适用于预防肠鸣腹痛、疝气，可起到保健的作用。

（3）膻中穴在胸部，由锁骨向下数至第4肋间隙，两乳头连线的正中线上。膻中穴可以除烦、顺气、宽胸利膈、宣肺降逆，适用于预防咳嗽、气喘、心痛心悸，可起到保健的作用。

（4）横骨穴可以调理下焦，益肾助阳，适用于预防阴痛、小腹痛、疝气、遗尿、小便不通，可起到保健的作用。

（5）胆俞穴可以清热利湿、疏肝利胆。脾俞穴可以健脾利湿、养胃升清。肾俞穴可以强腰利水、益肾助阳。胃俞穴可以理中降逆、健脾和胃，可起到保健的作用。

动作

双手掌握固，成右弓步，先用左手合谷穴向右横轮击右腋下的极泉穴，后成左弓步用右手如此横轮击左腋下的极泉穴，左右各10次。

【注】

极泉穴在腋窝顶点，腋动脉搏动处。极泉穴常按压、弹拨、轻轮击可以宁神宽胸，调节心血管功能。适用于心痛，咽干烦渴，胁肋、肩臂疼痛，有保健作用。

动作

1 双掌握拳，上下放置背后，用拳指关节背侧面突起处顺着腰椎、能够着的间隙上下节节推揉往返10次。同时闭唇叩齿10次。

2 敲击背后的大椎穴、三焦俞穴、肾俞穴、气海俞穴20次。

3 双拳敲击八髎穴（上髎、次髎、中髎、下髎各一对）20次。

4 双拳敲击双髋关节的环跳穴20次。

【注】

（1）腰为肾之府，腰部有肾俞穴，在腰部第2腰椎棘突下，旁开1.5寸。大肠俞穴在腰部第4腰椎旁开1.5寸。经常敲打揉推可以舒通腰部经脉、气血，起到通经止痛的保健作用。

（2）大椎穴在人体颈部，第七颈椎棘突下凹陷中，是督脉要穴。三焦俞穴在腰部，当第1腰椎棘突下旁开1.5寸处。气海穴在第3腰椎棘突下旁开1.5寸处。敲打大椎穴可以散风清肺热、止咳平喘等。三焦俞穴、肾俞穴可以强腰利水、益肾助阳。敲打气海俞穴可以益肾壮阳，对于坐骨神经痛、腰痛等有保健作用。

（3）环跳穴在坐骨神经的通道上。股骨大转子最高点和骶管外1/3与中1/3交点处即是环跳穴。膀胱经和胆经交会于环跳穴。

（4）八髎穴恰好在人体骨盆的位置，对应着人体的内生殖系统、泌尿系统，是盆腔内脏器官的神经血管会聚之处，是调节全身气血的总开关，八髎穴、命门穴也是人身阳气的根本，经常敲击有助于人体经络畅通和气血充沛，可起到保健的作用。

动作

1 左手掌拍击右肩井穴，同时右手掌背拍击后背的胆俞穴、脾俞穴、胃俞穴10次。之后换为右手掌拍击左肩井穴，同时左手掌背拍击后背的胆俞穴、脾俞穴、胃俞穴10次。

2 左手食指、中指并拢按压摩揉右肩的缺盆穴10下。同时大拇指按揉天突穴。之后换为右手也如此练习。

3 在拍击肩井穴和按压摩揉缺盆穴的同时，双脚有节奏地前掌上跷，后脚跟上提。可以同时有效地刺激踝关节的解溪穴，起到保健的作用。

【注】

（1）肩井穴在肩上，前直对乳中，大椎与肩峰端连线的中点上。肩井穴可以通经活络、消肿祛风，对肩背疼痛、手臂麻木不举、落枕、颈项疼痛等有保健作用。

（2）手十个指头尖端（十宣穴），距指甲爪游离缘约0.1寸。左右两手共十个。也是晕厥昏迷急救穴。

（3）缺盆穴在锁骨窝中央，距前正中线4寸。可开胸顺气、宽胸利膈、止咳平喘等。

（4）天突穴在颈部正中线向上，胸骨上窝中央。可化痰止咳、宣肺理气，对咽喉肿痛、舌下急等有保健作用。

（5）解溪穴在踝关节上，足背与小腿交界处横纹中央凹陷处，足背两条肌腱之间。此穴可清热化湿、通经活络，对下肢痿痹等有保健作用。

动作

身体略前倾，双手握空心拳往返地敲击双腿外侧的阳陵泉穴、风市穴、梁丘穴、足三里穴、丰隆穴，以及腿内侧的血海穴、阴陵泉穴、三阴交穴。

【注】

（1）阳陵泉穴在小腿外侧，腓骨小头前下方凹陷处。可强健腰膝、疏肝利胆，对下肢痿痹麻木、膝肿痛、脚气、黄疸、小儿惊风有一定的保健作用。

（2）风市穴在大腿外侧部的中线上，当腘横纹上2寸，或直立垂手，中指尖处。可通经活络、祛风化湿，对下肢痿痹麻木、遍身瘙痒、脚气有一定的保健作用。

（3）梁丘穴在髌骨外上缘上方凹陷处中心。可通经活络、散寒温经，对膝肿痛、胃痛、血尿有一定的保健效果。

（4）足三里穴是足阳明胃经的穴位，在小腿外侧，髌骨外下3寸，可调理脾胃、补中益气、疏风化湿，对扶正祛邪有一定保健作用。

（5）丰隆穴是足阳明胃经的穴位，在外踝尖上8寸，可以清胃气、化痰湿，对下肢痿痹有保健效果。

（6）血海穴在大腿内侧，髌底内侧端上2寸，股四头肌内侧头的隆起处，是足太阴脾经穴位，是生血化瘀的要穴。

（7）阴陵泉穴在小腿内侧，胫骨内侧踝后下方凹陷处。对健脾理气、湿热消炎、下肢痿痹、膝痛等有保健作用。

（8）三阴交穴在小腿内侧，足内踝尖上3寸，胫骨内侧缘后方。可益肝肾、健脾胃、调经血，对下肢痿痹、脚气等有保健作用。

动作

1　双脚自然分开，用左脚踝敲击右脚的承山穴10次。之后用右脚踝敲击左脚的承山穴10次。该穴在小腿外踝后面正中，当伸直小腿或后足跟上提时腓肠肌腹下出现尖角凹陷处即是。

2　用左脚跟的公孙穴碰击右脚的太溪穴10下，接着用右脚跟公孙穴碰击左脚的太溪穴10下。公孙穴在足内侧缘，当第1跖骨基底部的前下方。

3　太溪穴在足内侧内踝后方，内踝尖与跟腱之间的凹陷处。

4　双掌拍击委中穴，左右腿各20次。该穴在膝盖的后面，大、小腿弯交汇的腘窝处。

【注】

（1）承山穴对小腿抽筋、腰腿酸痛有一定缓解作用。经常敲击可促进腿部静脉血管的血液回流速度加快，平衡心脏血液的回流能力，对心脏有保健的益处。

（2）委中穴是腰背下肢气血的总开关，可以舒筋通络、散瘀活血、清热解毒。

（3）公孙穴是调理冲、任，健脾和胃的要穴。

（4）太溪穴是滋阴补肾、治疗咽炎之保健要穴。太溪穴对咽喉肿痛、咳血、头痛目眩、益肾强腰有一定保健效果。

动作

1　左右脚相继提膝10次，双手空拳同时敲击腿部的血海穴、梁丘穴10下。

2　左右脚跟分别向身后倒勾踢各10次，双手空拳同时敲击后背八髎穴。

3　双脚分开、半蹲马步与肩同宽，双手空心拳敲击股四头肌，接着徐徐站立拍击风市穴10下。

4　双肩膀略耸肩往正前方环绕3次，再往后环绕3次。

5　自然站立，舌头沿着口腔内搅动，左右绕圈各6次，分三次下咽津液。

【注】

（1）左右脚向身后倒勾踢，会刺激筑宾穴。筑宾穴在小腿内侧、腓肠肌肌腹的内下方。复溜穴在小腿内侧跟腱的前方。这两穴均是助阳补肾、宁心安神、调理下焦的保健要穴。

（2）舌头沿着口腔内搅动时，津液会迅速生长，吞咽下能濡养、滋润内脏。

【注】

握固、叩齿、咽津、鸣天鼓四法，练家称之为"养生四宝"，持之以恒，可固本强肾、延年益寿。

（1）握固是将大拇指扣在手掌心的"劳宫穴"，指尖位于无名指的根部，其余四指弯曲，稍微用力，握牢大拇指，婴儿都是如此握拳的。养生家认为握固有助于安魂定神、收精藏气，可使气血充盈，辟邪防疾。

（2）叩齿是两唇微闭，上下门齿相对，轻轻有节奏地叩齿10次。吞下溢出的津液，以意念送入丹田。中医认为齿为骨之余，肾又主骨生髓，所以叩齿能够激发和固护肾气，提高机体免疫力，增强肾气功能。

（3）咽津是用舌头在口腔内反复搅动多次至津液满口，再将津液徐徐咽下，古人称为"琼（金）津玉液"，有大补肾阴的功效。

（4）鸣天鼓是用两手掌心紧按两耳外耳道，两手的食指叠搭在中指上，向脑后枕骨轻轻叩击9下，发出像击鼓一样的声音。掩耳和叩击可对耳腔产生微震刺激感，具有补肾固肾、聪耳明目的功效，对头晕、健忘、耳鸣等肾虚症状均有一定的预防和康复作用。

收势

　　1　双掌交叉经胸前，左右手掌抱球徐徐吐气下按，双脚自然并拢。

　　2　双掌垂放两腿体侧，目光平视，面带微笑，轻松愉悦地收势。

功法演练

起势

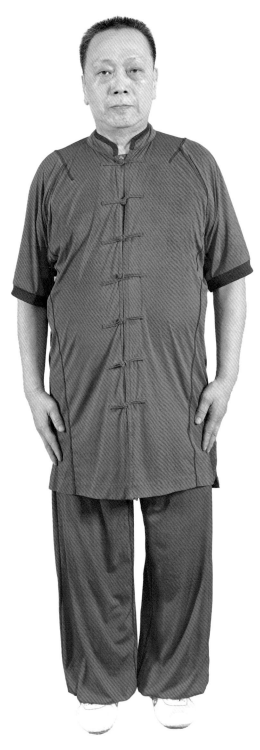

1-1 起势（1）

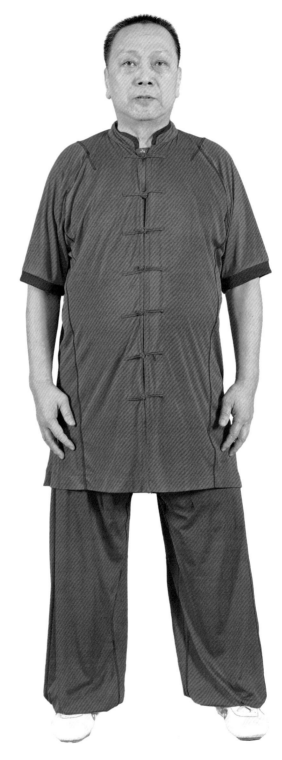

1-2 起势（2）

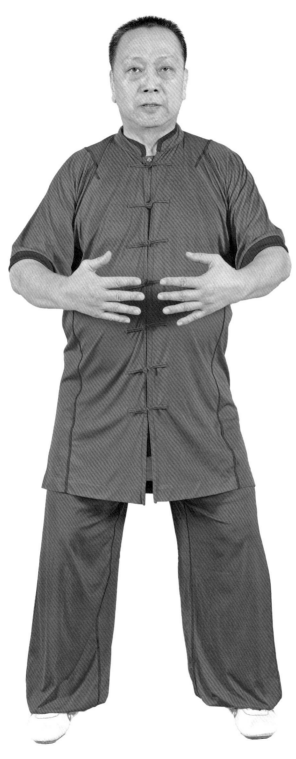

1-3 起势（3）

1-4 起势（4）

1-5 起势（5）

演练
示范一

2-1 迎香穴

2-2 印堂穴

2-3 百会穴

2-4 风池穴、风府穴

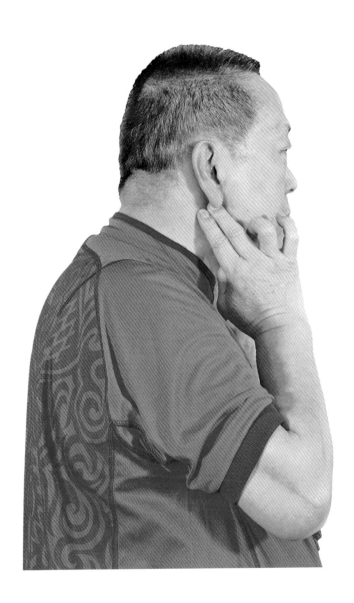

2-5 翳风穴

2-6 太阳穴

2-7 廉泉穴

2-8 迎香穴

2-9 眼眶（1）

2-10 眼眶（2）

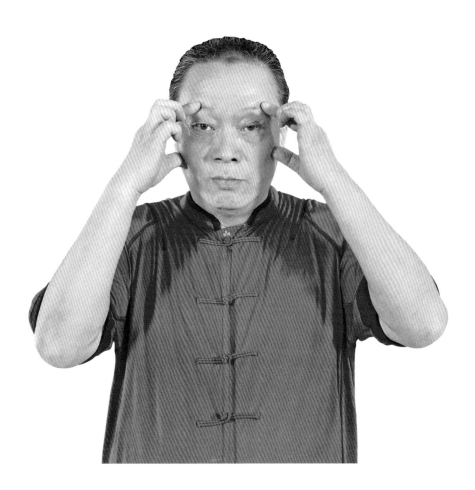

2-11 眼眶（3）

2-12 人中、承浆穴

2-13 耳垂

2-14 耳廓

2-15 耳蜗

演练
示范二

3-1 缺盆穴、天突穴　右

3-2 缺盆穴、天突穴　左

3-3 极泉穴 左

3-4 极泉穴　右

3-5 拍肩井穴、肾俞穴（1）

3-6 拍肩井穴、肾俞穴（2）

3-7 拍肩井穴、肾俞穴（3）

3-8 拍肩井穴、肾俞穴（4）

3-9 双剪手

3-10 虎爪手

3-11 爪变拳，两臂内旋

3-12 两臂外旋

3-13 蹲

3-14 弹　双侧

3-15右　半撩拳（1）

3-16右 半撩拳（2）

3-17左　半撩拳（1）

3-18左　半撩拳（2）

3-19 马步

3-20 弹

3-21 横撞肘　右

3-22 上鞭拳 右

3-23 下鞭拳　右

3-24 横撞肘　左

3-25 上鞭拳　左

3-26 下鞭拳 左

3-27 手、臂、腕穴位推揉

3-28 神门穴、大陵穴、太渊穴（1）

3-29 神门穴、大陵穴、太渊穴（2）

3-30 神门穴、大陵穴、太渊穴（3）

3-31 神门穴、大陵穴、太渊穴（4）

3-32 内关穴

3-33 外关穴

3-34 尺泽穴

3-35 少海穴（1）

3-36 少海穴（2）

3-37 曲泽穴

3-38 劳宫穴（1）

3-39 劳宫穴（2）

3-40 合谷穴（1）

3-41 合谷穴（2）

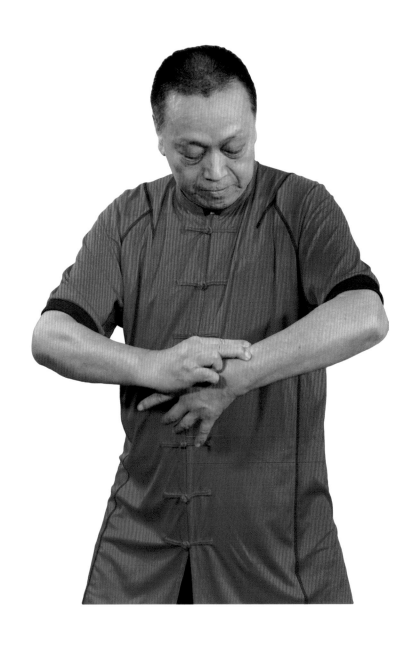

3-42 列缺穴、养老穴（1）

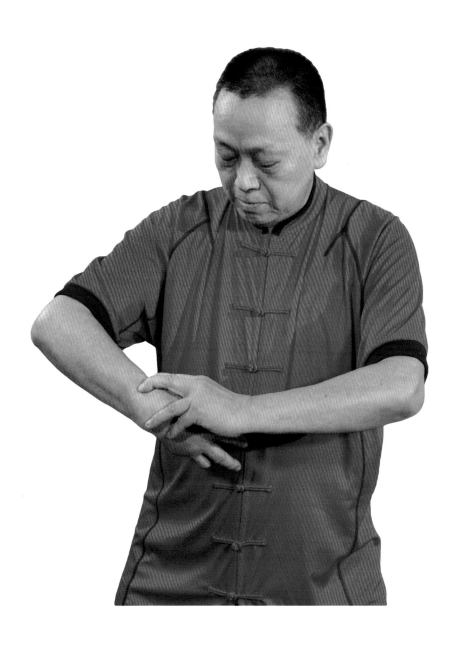

3-43 列缺穴、养老穴（2）

3-44 阳池穴、液门穴（1）

3-45 阳池穴、液门穴（2）

3-46 鱼际穴（1）

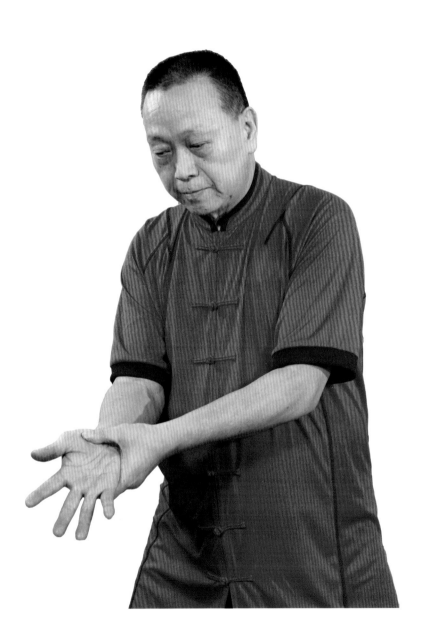

3-47 鱼际穴（2）

3-48 拍打腿部穴位

3-49 梁丘穴

3-50 阳陵泉穴

3-51 足三里穴

3-52 丰隆穴

3-53 三阴交穴

3-54 承山穴

3-55 血海穴

3-56 横骨穴

3-57 带脉穴

3-58 气冲穴、冲门穴

3-59 神阙穴

3-60 章门穴、期门穴（1）

3-61 章门穴、期门穴（2）

3-62 中府穴、云门穴

3-63 膻中穴

3-64 八髎穴

3-65 气海俞穴

3-66 肾俞穴

3-67 三焦俞穴

3-68 委中穴（1）

3-69 委中穴（2）

3-70 环跳穴（1）

3-71 环跳穴（2）

3-72 环跳穴（3）

3-73 血海穴、梁丘穴　左（1）

3-74 血海穴、梁丘穴　左（2）

3-75 血海穴、梁丘穴　右（1）

3-76 血海穴、梁丘穴　右（2）

3-77 左耸肩

3-78 右耸肩

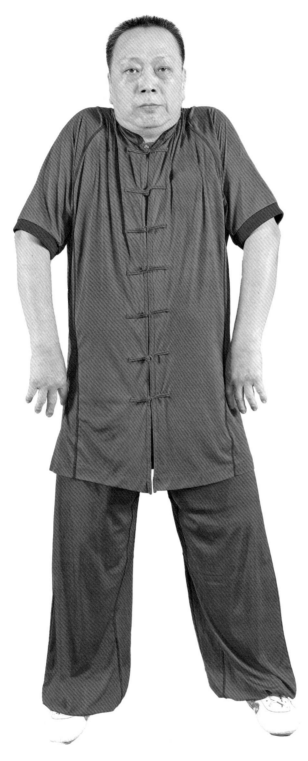

3-79 合

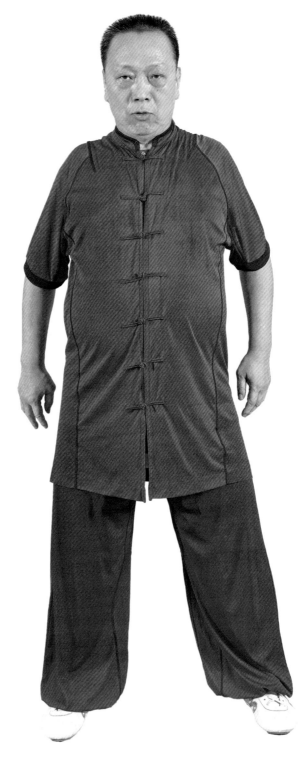

3-80 开

3-81 金津玉液（1）

3-82 金津玉液（2）

收势

4-1 收势（1）

4-2 收势（2）

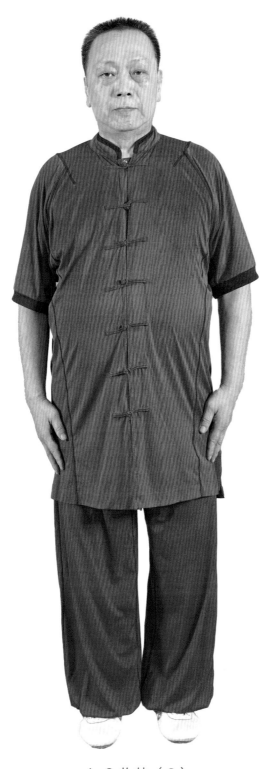

4-3 收势（3）

历史印迹

1975 年洪光荣在第三届全运会上荣获
南拳第八名奖状

1979 年洪光荣白鹤拳一等奖奖状

1981 年洪光荣一等奖奖状

1983 年洪光荣全国千名优秀武术辅导员

1979 年洪光荣参加广西南宁举行
的全国武术观摩大会，荣获铜奖

1980 年洪光荣手捧访日奖励的金杯

1980 年洪光荣在日本和黄清江对练

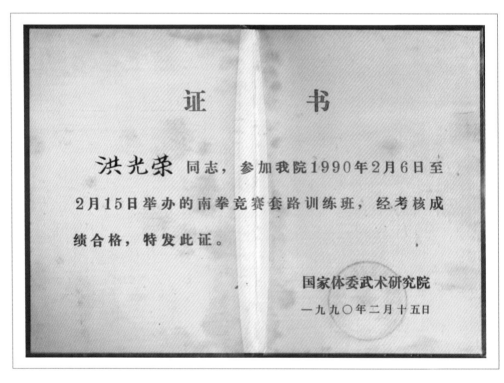

洪光荣同志：

于一九八七年八月参加全国拳击教练员训练班，经考核成绩及格，特发此证。

一九八七年八月卅日

1987 年洪光荣全国拳击教练员训练班证书

证　书

洪光荣 同志，参加我院 1990 年 2 月 6 日至 2 月 15 日举办的南拳竞赛套路训练班，经考核成绩合格，特发此证。

国家体委武术研究院

一九九〇年二月十五日

1990 年洪光荣参加国家体委武术研究院举办的南拳竞赛套路训练班证书

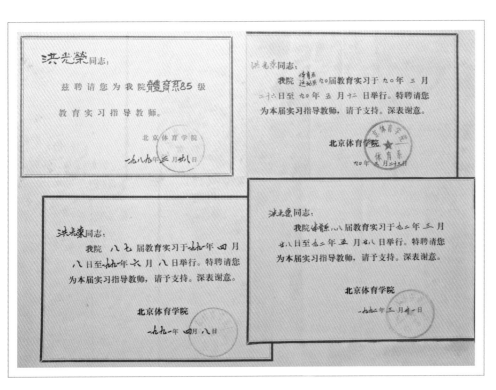

1989—1992 年洪光荣担任北京体育学院武术指导老师

1991 年洪光荣在新加坡表演

1991 年洪光荣、王群、吴鹤一家 3 人在新加坡表演叠罗汉现场照片

1991 年新加坡报纸刊登
洪光荣一家表演现场照片

1991年洪光荣、王群、吴鹤和冠军教练曾乃梁、太极王子陈思坦在新加坡
表演时合照

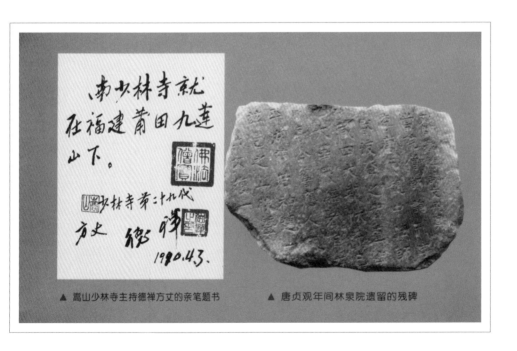

▲ 嵩山少林寺主持德禅方丈的亲笔题书　　▲ 唐贞观年间林泉院遗留的残碑

南少林寺遗址论证会代表会名册

会议职务	姓名	性别	年龄	职务与职称	工 作 单 位
领导成员	夏柏华	男	51	副教授	中国武术学会秘书长
"	潘一经	男	48	高级工程师	中国武术学会副秘书长
"	荆福生	男	41	主任	福建省体委
"	刘忠路	男	60	主席	福建省武术协会
"	苏玉太	男	50	副市长	莆田市人民政府
"	林德荣	男	52	主任	莆田市体委
秘书长	陈嘉荣	男	52	副秘书长	莆田市南少林研究会
评委会主任	习云太	男	55	教授	四川省成都体育学院
评委会副主任	秦宝琦	男	55	教授	中国人民大学
评委会副主任	罗炤	男	48	教授	中国社会科学院宗教研究所
评委会副主任	吴玉贤	男	47	副理事长	福建省考古博物学会兼秘书长
评委会委员	郝心莲	男	48	研究员	甘肃省体育科研所
"	丁明夷	男	51	研究员	中国社会科学院宗教研究所
"	昌沧	男	67	编审	《中华武术》杂志主编
"	陈祖武	男	48	副研究员	中国社会科学院清史研究所
"	程歗	男	53	教授	中国人民大学
"	王国辉	男	54	副编审	《武林》杂志主编
"	康戈武	男	44	副教授	中国武术研究院
"	黄鉴衡	男	60	副主席	广东省武术协会 《武林》杂志名誉主编

会议职务	姓名	性别	年龄	职务与职称	工作单位
评委会委员	洪正福	男	61	副教授	福建体育学院
"	曾凡	男	60	副研究员	福建省文物鉴定委员会主任委员
"	胡金焕	男	57	副教授	福建师范大学
"	甄秉浩	男	60	理事	河南省作家协会
代表	方金辉	男	52	主任记者	中国体育报福建站站长
"	林公务	男	40	副队长	福建省博物馆考古队
"	郑培升	男	47	副馆长	福建省博物馆
"	宋涧凭	男	64	副教授	福建师范大学
"	魏齐祺	男	55	副主席	福建省武术协会
"	洪光荣	男	38	委员	福建省武术协会
"	杨祖煌	男	54	秘书长	莆田县文联
"	陈容明	男	42	干部	莆田县人民政府秘书科
"	梁志光	男	35	局长	广西梧州市蝶山区教育局
"	郎武	男	43	委员	福建省武协永大县少体校教练
"	阮其山	男	51	副秘书长	莆田市人民政府
"	陈文涌	男	43	副县长	莆田县人民政府
"	蔡宗华	男	45	局长	莆田市宗教局
"	金文亨	男	54	副主席	莆田市社科联
"	黄谦	男	28	秘书长	莆田市社科联

会议职务	姓名	性别	年龄	职务与职称	工 作 单 位
代　　表	方圆珍	男	35	镇长	莆田县西天尾镇
"	林洪国	男	43	馆长	莆田县文化馆
"	柯凡梅	女	35	馆长	莆田县博物馆
"	黄国文	男	35	支部书记	莆田县西天尾镇林山村
"	叶庆社	男	36	原支部书记	" "
"	喻少秋	男	58	村民	" "
"	林丽容	女	25	教练	莆田市少体校教练
会议记录	张鼎如	男	35	讲师	莆田市委讲师团
"	林杰	男	32	主任	莆田市电影公司办公室
"	李奕森	男	30	负责人	莆田市科委办公室
会务组	吴国钦	男	35	科员	莆田市体委
"	邹文樵	男	43	副主任科员	莆田市体委
医　　生	吴文敦	男	52	副主任医师	莆田市机关门诊部
"	林鹊飞	女	37	护士	" "
摄　　影	马金焰	男	42	助理馆员	莆田市儿童乐园
广　　播	林文良	男	51	职工	莆田一中
驾驶员	林志平	男	30	干部	莆田市城厢区体委
"	宋国英	男	35	职工	莆田市体委

会议职务	姓名	性别	年龄	职务与职称	工 作 单 位
记　　者	李向阳	男	22	记　者	中国新闻社福建分社
"	张炳升	男	33	"	《光明日报》国际部
"	刘莘	女	30	"	"	"
"	林国远	男	58	主任记者	《湄洲报》社刊 总编
"	陈兆伟	男	28	记　者	《福建日报》社
"	王宣伟	男	40	"	福建人民广播电台
"	宋元模	男	81	总　编	《莆田乡讯》社
"	郭延民	男	46	记　者	《中国体育报》社摄影部
"	曹勇	男	30	记　者	《中国体育报》社
"	谢如明	男	29	记　者	《湄洲报》社

1991 年南少林寺遗址论证会与会人员名单

第五届中日太极拳交流比赛裁判员名单

总裁判长： 李德印 （中国）

副总裁判长： 川崎雅雄（日本） 吴珊珊 （中国）

裁 判 长： 邱建华 （中国） 清水美惠 （日本）
钱源泽 （中国）

副裁判长： 徐伟军 （中国） 徐毓茹 （中国）
马丽娜 （中国）

裁判员：

矢岛孝一郎	（日本）	堀米秀夫	（日本）	上滨诚	（日本）
冯如龙	（中国）	林小美	（中国）	刘太福	（中国）
李巧玲	（中国）	曾美英	（中国）	张云崖	（中国）
温佐惠	（中国）	林建华	（中国）	林荫生	（中国）
孙崇雄	（中国）	庄昔聪	（中国）	贾建欣	（中国）
徐其星	（中国）	薛辉		庄小梅	（中国）
胡金焕	（中国）	翁治兴	（中国）	陶健	（中国）
高楚兰	（中国）	洪光荣	（中国）	柯英俊	（中国）
戴林彬	（中国）	高娅	（中国）	李斌斌	（中国）
林秀瑜	（中国）	谢朝群	（中国）	陈昇	（中国）
叶胜保	（中国）				

1993 年国际太极拳暨中日太极拳邀请赛洪光荣担任裁判员秩序册

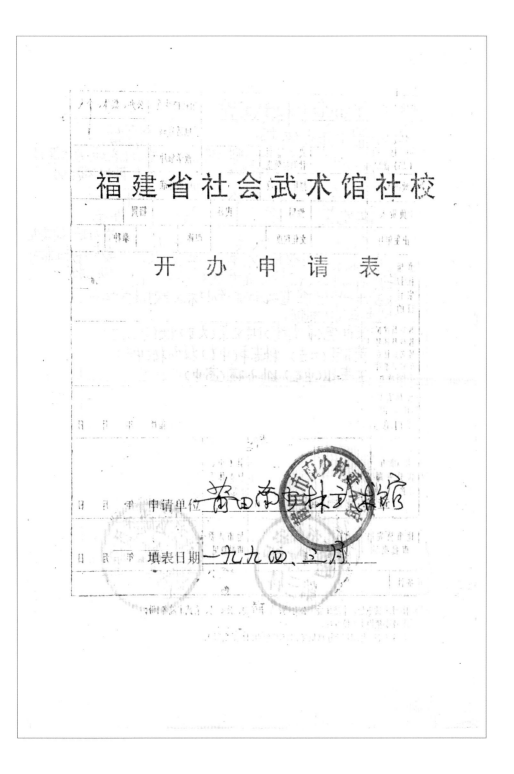

1994年洪光荣当任莆田南少林武术馆馆长 1

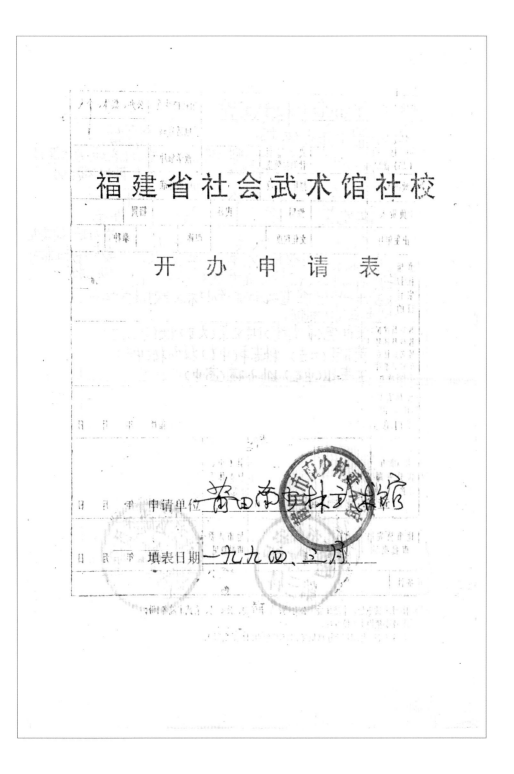

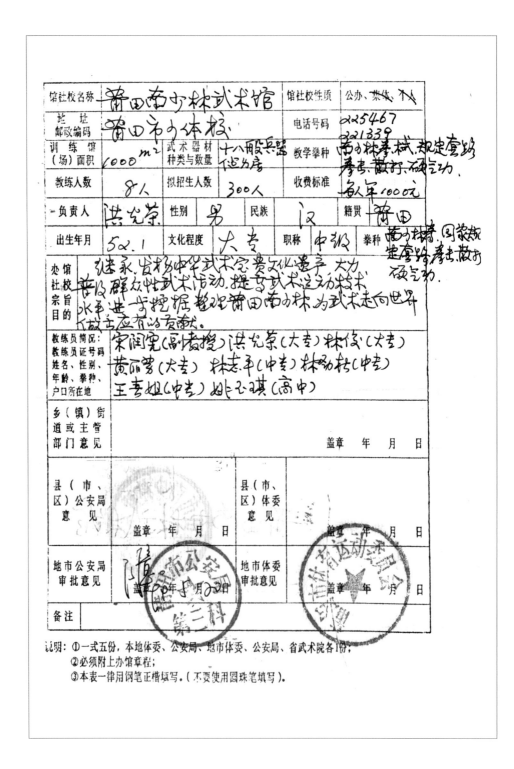

馆社校名称	莆田南少林武术馆		馆社校性质	公办、集体、个人
地址 邮政编码	莆田市少体校		电话号码	225467 221339
训练馆（场）面积	1000m²	武术器材种类与数量 十八般兵器	教学拳种	南少林拳械．规定套路 拳击．散打．硬气功．
教练人数 8人		拟招生人数 300人	收费标准	每人年1000元
负责人 洪光荣	性别 男	民族 汉	籍贯	莆田
出生年月 52.1	文化程度 大专	职称 中级	拳种	南少林拳．国家规定套路拳击散打硬气功．
处馆社校宗旨目的	继承、发扬中华武术宝贵文化遗产，大力普及群众性武术活动，提高武术运动技术水平，进一步挖掘整理莆田南少林为武术走向世界作出应有的贡献。			
教练员简况：教练员证号码姓名、性别、年龄、拳种、户口所在地	宋润宽（副教授）洪光荣（大专）林俊（大专）黄丽雪（大专） 林志平（中专）林劲枝（中专）王春妮（中专）姚玉琪（高中）			
乡（镇）街道或主管部门意见				盖章 年 月 日
县（市、区）公安局意见		县（市、区）体委意见		
	盖章 年 月 日		盖章 年 月 日
地市公安局审批意见		地市体委审批意见		
	盖章 年 月 日		盖章 年 月 日
备注				

说明：①一式五份，本地体委、公安局、地市体委、公安局、省武术院各1份；
②必须附上办馆章程；
③本表一律用钢笔正楷填写。（不要使用圆珠笔填写）。

1994 年洪光荣当任莆田南少林武术馆馆长 2

1995 年陈嘉荣为领队，洪光荣、黄丽芳、陈志勇、彭洪赞为运动员的莆田南少林武术队，参加在河南嵩山少林寺举行的首届国际少林武术赛，荣获三个金奖、一个优秀奖

1995 年洪光荣（左第 1 位）、黄丽芳（中间）、彭洪赞（右第 1 位）参加在河南嵩山少林寺举办的首届国际少林武术比赛均荣获金奖

1995 年 9 月洪光荣（左三）、林志平（左四）、林劲松（左二）带领南少林武术散打队吴晨燕、任向景、王金生等人参加在河南嵩山少林寺举办的首届中国嵩山少林武术散打擂台赛合影

1995 年洪光荣参加在河南嵩山少林寺举行的首届国际少林武术赛，荣获金奖

1996 年洪光荣被授予全国业余训练先进工作者

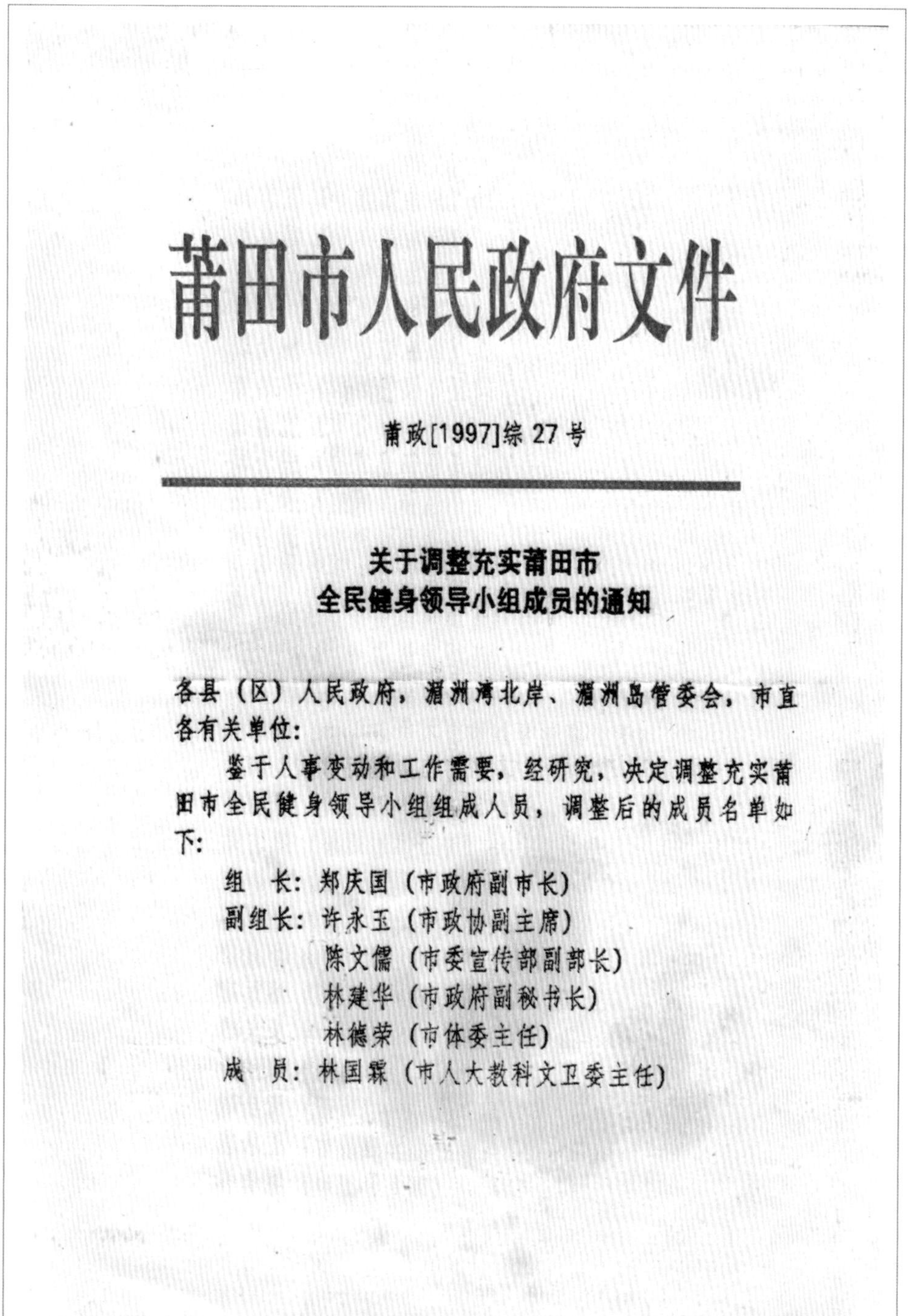

莆田市人民政府文件

莆政[1997]综 27 号

关于调整充实莆田市
全民健身领导小组成员的通知

各县（区）人民政府，湄洲湾北岸、湄洲岛管委会，市直各有关单位：

鉴于人事变动和工作需要，经研究，决定调整充实莆田市全民健身领导小组组成人员，调整后的成员名单如下：

  组　长：郑庆国（市政府副市长）

  副组长：许永玉（市政协副主席）

     陈文儒（市委宣传部副部长）

     林建华（市政府副秘书长）

     林德荣（市体委主任）

  成　员：林国霖（市人大教科文卫委主任）

1997 年莆田市人民政府文件，洪光荣当选为市全民健身领导小组成员 1

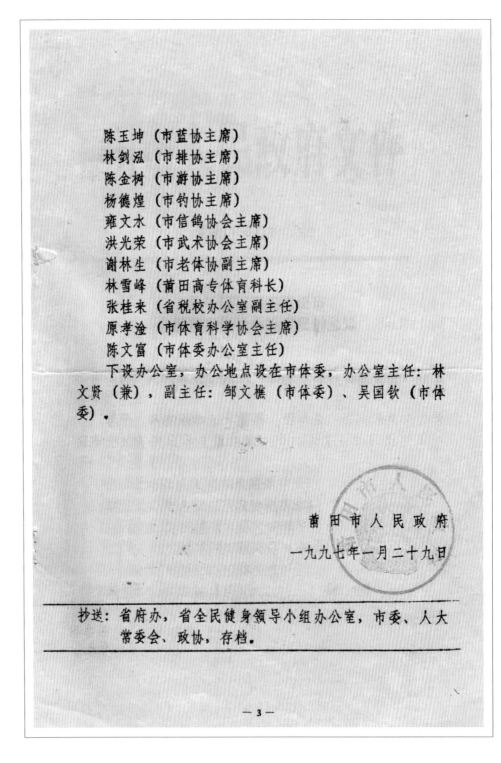

陈玉坤（市蓝协主席）

林剑泓（市排协主席）

陈金树（市游协主席）

杨德煌（市钓协主席）

雍文水（市信鸽协会主席）

洪光荣（市武术协会主席）

谢林生（市老体协副主席）

林雪峰（莆田高专体育科长）

张桂来（省税校办公室副主任）

原孝淦（市体育科学协会主席）

陈文富（市体委办公室主任）

下设办公室，办公地点设在市体委，办公室主任：林文贤（兼），副主任：邹文樵（市体委）、吴国钦（市体委）。

莆田市人民政府

一九九七年一月二十九日

抄送：省府办，省全民健身领导小组办公室，市委、人大常委会、政协，存档。

— 3 —

1997 年莆田市人民政府文件，洪光荣当选为市全民健身领导小组成员 2

证 书

No.076

　　兹证明 洪光荣 于 1998 年 8 月 11 日至 16 日，参加了在北京举办的全国跆拳道高级教练员培训班。经考试，成绩合格，特发此证。

中国跆拳道协会

CHINESE TAEKWONDO ASSOCIATION

1998 年洪光荣跆拳道高级教练员班证书

1983 年洪光荣优秀武术辅导员
奖章

1999 年洪光荣被授予莆田市劳
动模范奖章

授予：

洪光荣 同志为莆田市劳

动模范。

莆田市人民政府

一九九九年四月 日

1999 年莆田市人民政府授予洪光荣劳模证书

荣誉证书

洪光荣 同志：

被评为1996-2000年度福建省青少年

体育工作先进个人。特颁此证，以资鼓励。

福建省体育局 福建省教育厅

二〇〇〇年九月

2000 年福建省教育厅、体育局授予洪光荣先进个人

2000年中华人民共和国教育部、国家体育总局授予洪光荣全国青少年体育工作先进工作者

2002年洪光荣参加对外表演证书

155

2006 年莆田市委市政府授予洪光荣为莆田市拔尖人材

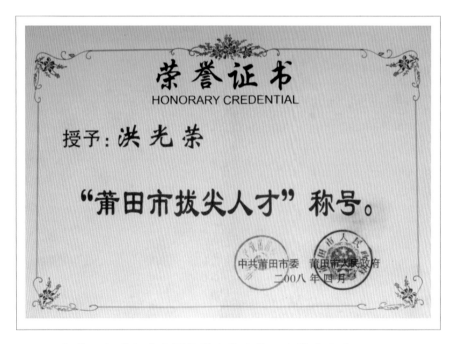

2008 年莆田市委市政府授予洪光荣为莆田市拔尖人才

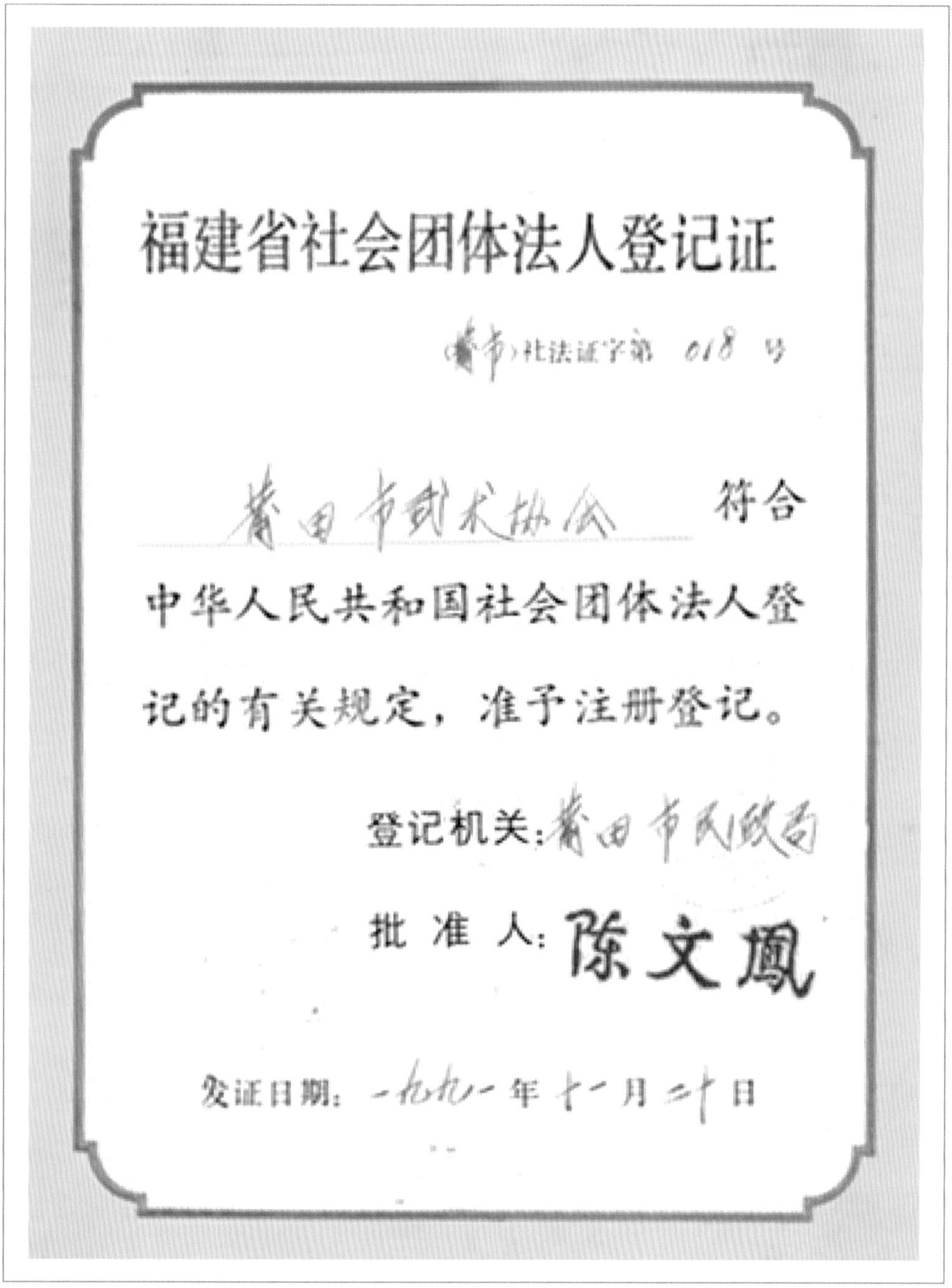

福建省社会团体法人登记证

（莆市）杜法证字第 018 号

莆田市武术协会 符合

中华人民共和国社会团体法人登

记的有关规定，准予注册登记。

登记机关：莆田市民政局

批准人：陈文凤

发证日期：一九九一年十一月二十日

1991年莆田市武术协会社团法人登记证1

<table>
<tr><td>宗　　旨</td><td>以宪法为准则，遵守国家法律法规，团结武术爱好者，发展武术事业，为增强人民体质，提高运动技术水平和精神文明建设服务。</td></tr>
<tr><td>业务范围</td><td>开展武术学术交流，组织技术评定，举办培训班、汇赛，反映武术界的意见和要求</td></tr>
<tr><td>活动地区</td><td>莆田市</td></tr>
<tr><td>主管单位</td><td>莆田市体委</td></tr>
<tr><td>地　　址</td><td>城厢区仓后路·3号</td></tr>
<tr><td>法定代表人</td><td>洪光荣</td></tr>
</table>

1991 年莆田市武术协会社团法人登记证 2

福建省莆田市体育运动委员会

莆体（1992）29号

★

关于公布莆田市武术协会领导成员名单的通知

两县、两区体委及有关单位：

莆田市武术协会经全体会员民主协商，一致选举产生第一届领导成员，现予公布：

主席：洪光荣（市南少林武术馆副馆长兼总教练）

副主席：冯小福（市公安局局长）

陈耀霖（莆田县公安局办公室主任）

林志平（城厢区体委干部、市拳击队教练）

彭凤赞（市南少林武术馆教练、民间拳师）

黄飞刀雄（市民间拳师）

秘书长：吴国伙（市体委干部）

一九九二年九月二十四日

抄送：省武协。

福建省莆田市体育运动委员会莆体（1992）29 号文件

编号：1211

社会团体变更登记表

社团名称	莆田市武术协会		登记证号	莆民社运字139号
变更事项	名　称		住所地	
变更前	莆田市武术协会		莆田市城厢区学园路市少体校内	
变更理由	莆田南少林武术协会		莆田市荔城区延寿路市少体校内	
			工作需要	
社团履行 内部程序	2007年10月28日经莆田市武术协会会员代表大会研究通过			

社团法定代表人签章：	业务主管单位审查意见：
社团盖章：	（公章）　经办人： 2008年2月15日

登 记 管 理 机 关 审 批 意 见

经 办 人 意 见	批　　准
经办人： 200　年　月　日	2008年2月4日

中华人民共和国民政部制

4

2008年莆田市武术协会变更为莆田南少林武术协会

2008年中央电视台走遍中国栏目在洪光荣家采访后合照（右后1如众法师，后2陈玉樵，后3宁楠编导，前排右1洪光荣，右2王清渊，右3量修法师，右4常空法师）

2009年福建省体育局授予洪光荣为福建省优秀少体校校长牌匾

2009 年莆田市人民政府公布南少林"三十六宝"传统拳术为第二
批非物质文化遗产牌匾

2010 年洪光荣参加全国健身气功新功法培训班证书

2010 年莆田市人民政府命名洪光荣为"三十六宝"传统拳术代表性传承人证书

2011 年福建省人民政府授予洪光荣南少林武术第四批福建省非物质文化遗产牌匾

2011年10月洪光荣当任教练带领莆田南少林武术协会5名队员参加福建省第七届农民运动会民间武术比赛，荣获4金6银2铜的好成绩

2012 年 11 月中国（莆田）南少林武术文化节洪光荣表演双峰贯耳节目

2012 年洪光荣参加福建省"文化遗产日"，福建省政府授匾现场照片

2012 年洪光荣、王群参加培训班合照

2012 年洪光荣演练青龙大刀

2012 年洪光荣演练月牙铲

聘　书

兹聘请　洪光荣　同志担任2012年莆田市

第二期健身气功社会体育指导员培训班教学组

教师，特发此证。

莆田市体育局

二〇一二年十二月二十四日

2012 年莆田市体育局聘请洪光荣担任健身气功社会体育指导
员培训班教学组教师聘书

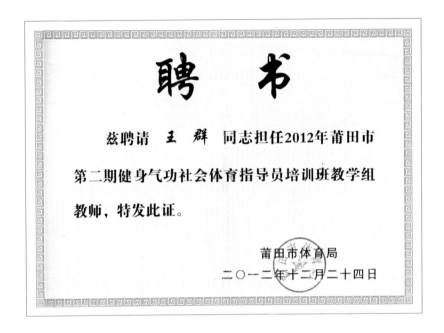

2012年莆田市体育局聘请王群担任健身气功社会体育指导员培训班教学组教师聘书

2013年莆田市人民政府公布南少林武术为市级非物质文化遗产牌匾

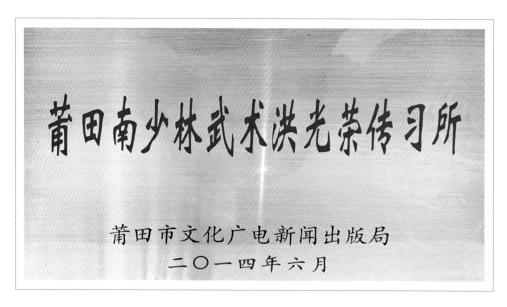

2014 年莆田市文化广电新闻出版局授予莆田南少林武术洪光荣传习所牌匾

2015 年徒弟陈凯向外宾表演护院单刀

2015 年徒弟刘乘杭向外宾表演三节棍

2015 年 11 月第五届中国（莆田）南少林武术文化节

2016 年 12 月莆田南少林寺聘任洪光荣为该寺武术指导

2016 年门正（右第 3 位）、贤锋（左第 4 位）两位法师带领 4 位武僧来洪光荣（左第 3 位）家里学练三十六宝拳集体照

2017年6月莆田市人民政府授予吴鹤（右第一位）佛祖棍法非物质文化遗产代表性传承人证书现场照片

2017年莆田市人民政府命名吴鹤为非物质文化遗产项目佛祖棍法代表性传承人证书

2017 年 11 月日本冲绳空手道山川哲男率团来访交流

2017 年 11 月洪光荣赠送字画给来访的日本冲绳空手道代表团山川哲男课长

2017 年洪光荣省武协副会长授牌仪式

2017 年吴鹤传授徒弟佛祖棍法（1）

2017 年吴鹤传授徒弟佛祖棍法（2）

2017 年莆田南少林武术协会第五次会员大会现场照片

2018 年 11 月 11 日洪光荣在福建省首届非物质文化遗产武术 (国家级、省级) 展示交流大会表演荣获的展演优秀奖牌匾

2018 年 11 月 11 日洪光荣 (右第 3 位) 在福建省首届非物质文化遗产武术 (国家级 省级) 展示交流大会上表演三十六宝拳获展演优秀奖颁奖现场照片

2018 年 11 月 11 日洪光荣在福建省首届非物质文化遗产武术（国家级、省级）展示交流大会表演现场照片

证　书

　　命名洪光荣为福建省第四批非物质文化遗产保护项目《南少林武术（莆田）》代表性传承人。

福建省文化厅
二〇一八年三月

2018 年福建省文化厅命名洪光荣为福建省第四批非物质文化遗产保护项目《南少林武术（莆田）》代表性传承人证书

2019 年洪光荣传承的湄洲湾职业技术学院大学生徒弟参加校运会开幕式
展演三十六宝拳

2019 年洪光荣受邀往湄洲湾职业技术学院传授三十六宝拳给大学生

2019 年莆田市文化和旅游局授予莆田南少林武术协会为非物质文化
遗产传承基地

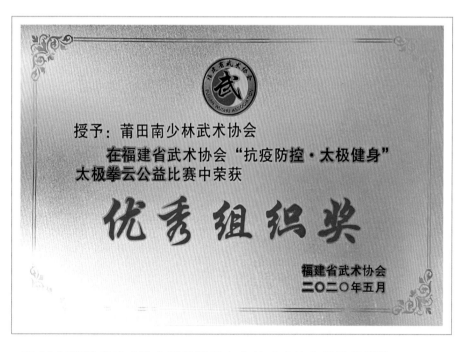

2020 年福建省武术协会授予莆田南少林武术协会优秀组织奖

2021 年 6 月 12 日文化和自然遗产日，洪光荣（右第 8 位）自筹经费举办三十六宝拳术研讨会合照

2021 年 6 月 12 日文化和自然遗产日，洪光荣在南少林传统拳术研讨会上演讲莆田南少林三十六宝传统拳术

2021 年福建省武术协会授予莆田南少林武术协会武术工作先进集体证书

2021 年福建省武术协会授予莆田南少林武术协会先进集体牌匾

2021年福建省武术协会授予洪光荣突出贡献老武术家牌匾

2021年福建省武术协会授
予洪光荣突出贡献老武术
家证书

2021年福建省武术协会授
予吴鹤社会武术优秀教练
员证书

2021 年福建省武术协会授予吴鹤社会武术优秀教练员牌匾

2021 年洪光荣（后排右第 6 位）参加福建省武术工作发展研讨会合影

2021 年洪光荣、王群应邀携带徒弟姚玉棋、林国森、唐家辉，徒孙姚碧琼，
与韦陀拳拳师林建忠在南少林寺拍摄《三十六宝传统拳术》《韦陀拳》视频
后合照

2022 年 8 月第 17 届省运会莆田市健身气功荣获 2 金 4 银 2 铜的好成绩

2022 年洪光荣受邀担任福建
省南强武术研究院顾问牌匾

洪光荣传承教徒

洪光荣高级教练职称证书

依照《社会体育指导员技术等级制度》和《社会体育指导员评审标准》，经审核，＿洪光荣＿获得国家级社会体育指导员资格。

特发此证

姓　名：＿洪光荣＿　性　别：＿男＿

出生年月：1952.01.18 民　族：＿汉族＿

指导项目：武术、健身气功

指导站点：＿＿＿＿＿

身份证号：350420195201180096

洪光荣国家级社会体育指导员资格证书

福建省跆拳道协会
Fujian Taekwondo Assocication

副会长

2021年—2025年

洪光荣

福建·福州
2021年12月

洪光荣连任福建省跆拳道协会副会长

任职证书

洪光荣 先生（女士）

经福建省健身气功协会第三届第一次会员代表大会理事会表决通过，您荣任福建省健身气功协会 **副会长** 职务。

特发此证书

福建省健身气功协会
二〇二一年八月

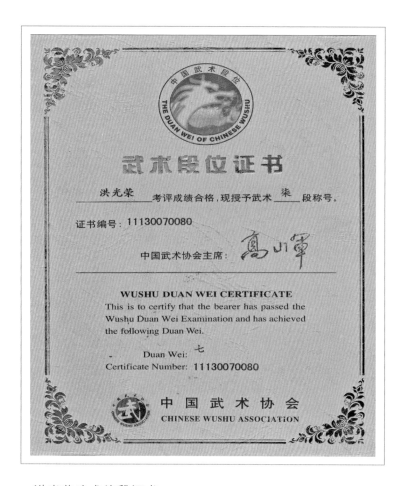

洪光荣福建省气功协会副会长证书

武术段位证书

洪光荣 考评成绩合格，现授予武术 柒 段称号。

证书编号：11130070080

中国武术协会主席

WUSHU DUAN WEI CERTIFICATE

This is to certify that the bearer has passed the Wushu Duan Wei Examination and has achieved the following Duan Wei.

Duan Wei: 七
Certificate Number: 11130070080

中国武术协会
CHINESE WUSHU ASSOCIATION

洪光荣武术柒段证书

荣 誉 证 书

授予 洪光荣 同志：

2012 年全国推广健身气功先进个人。

2012 年 12 月

洪光荣全国推广健身气功先进个人证书

聘 书

兹聘 洪光荣 同志为莆田学院体育系客座副教授。

莆田学院

二〇〇五年一月二十七日

莆田学院聘书

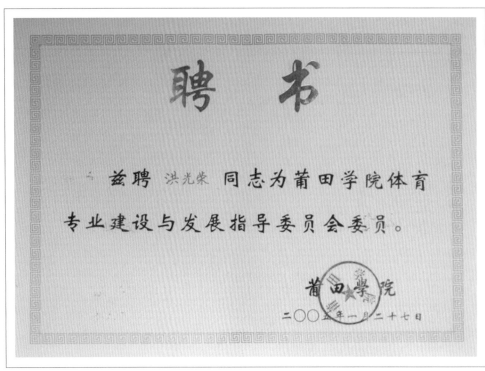

2005 年洪光荣受聘担任莆田学院体育专业建设与发展指导委员会委员

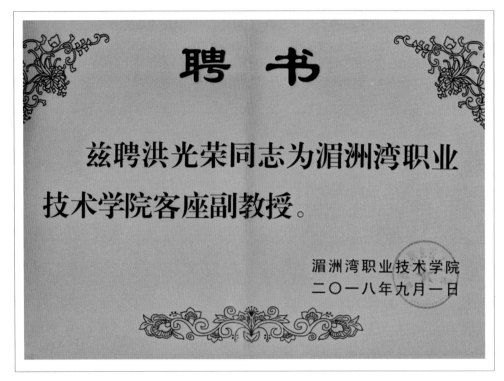

2018 年洪光荣受聘湄州湾职业技术学院证书

湄洲湾职业技术学院

地　址：福建省莆田市枫亭镇蔡襄北街1999号　　电　话：0594-7692626

邀请函

莆田南少林武术协会：

　　为更好地传承地域优秀的传统体育文化，提升莆田南少林协会的社会影响力，拟建设《莆田南少林武术》作为职业教育精品在线开放课程，特邀请贵协会全程参与。

湄洲湾职业技术学院

2020年8月9日

2020 年湄州湾职业技术学院邀请函

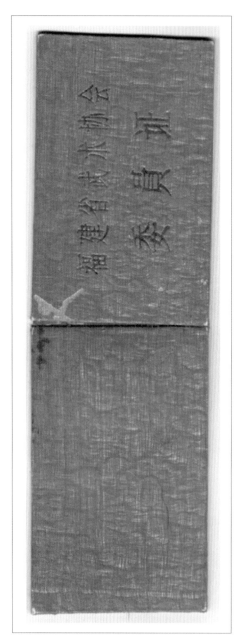

福建省武术协会证（洪光荣，白鹤拳）

王群中国武术六段证书

依照《社会体育指导员技术等级制度》和《社会体育指导员评审标准》，经审核， 王群 获得国家级社会体育指导员资格。

特发此证

姓名：王群　　　性别：女

出生年月：1954 06 30　民族：汉族

指导项目：武术、健身气功

指导站点：

身份证号：350420195406300047

王群国家级社会体育指导员资格证书

吴鹤中国武术段位六段证书副件

南少林寺考古发掘证照

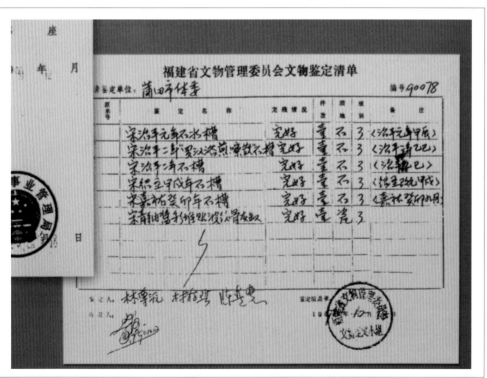

福建省文物管理委员会文物鉴定清单

鉴定或评审意见：

南少林寺遗址论证结论

一九九一年九月十四至十六日，中国体育科学学会武术学会与福建省体委、福建省武术协会在莆田市联合召开了南少林寺遗址论证会。会议期间，来自北京、河南、四川、广东、甘肃、广西、福建等地的武术、历史、考古、宗教等学术界的专家三十余人，就闽中少林寺的有关问题，展开了充分的讨论，经评委会论证，形成如下几个方面的共同认识。

一、近三年来，福建省文物管理委员会考古队，莆田市南少林研究会及中国体育报驻福建记者站，在福建省莆田市西天尾镇林山村寺院遗址进行了十分艰苦而卓有成效的调查，发掘和研究工作。从而为这次论证会提供了可靠的依据。

二、根据现有文献和第一期考古发掘的成果以及所搜集的诸多文物，可以确认，林山村寺院遗址，就是历史悠久的重要禅寺林泉院遗址。林泉院始建于南朝陈永定元年（公元557年），至迟于北宋中叶仁宗嘉祐年间，此寺业已形成很盛的武风，成为我国东南沿海武术活动的重要中心。

三、鉴于上述两点，基本判定：林泉院即武术界通称的闽中少林寺，也就是南少林寺。

专家评审委员会负责人签字：习云太 秦宗泽 吕耀鸿 罗绍

一九九一年九月十六日

南少林寺遗址论证结论书

内練一口氣

外練筋骨皮

1992 年 10 月兰少周（蓝钊）在莆田南少林武术馆表演三十六宝传统拳

第三届全运会福建队洪光荣（右 1）、孙庆、庄昔聪三人 2022 年 6 月 12 日相逢在福建省南强武术研究院成立暨省武术发展论坛大会上

首届海峡两岸传统武术交流大会莆田会场表演座谈后合影留念（座位第一排右第一位是洪光荣）

2021 年 6 月 12 日 "文化和自然遗产日" 洪光荣在南少林武术研讨会上演讲莆田南少林三十六宝传统拳术

2022 年 6 月 12 日洪光荣参加福建省南强武术研究院成立暨福建省武术发展论坛大会照片

福建省南强武术研究院院长、厦门大学教授，中国武术九段，国际级武术裁判，林建华老师授匾洪光荣（第三位）为该院顾问（图为授牌仪式现场）

洪光荣传授徒弟唐家辉（许颖拍照）

洪光荣传承吴鹤、王清渊三十六宝传统拳术（1）

洪光荣传授吴鹤、王清渊三十六宝传统拳术（2）

洪光荣传授王清渊护院单刀（1）

洪光荣传授王清渊护院单刀（2）

洪光荣五雷拳拳照

洪光荣给莆田南少林寺武僧释祖康讲解传授：双铁掌

洪光荣为来访武僧讲解麒麟张牙招式的用法

洪光荣在家中传授武僧如众法师三十六宝拳术的半撩招式用法

洪光荣在家中传授武僧三十六宝拳术的泰山压顶招式

洪光荣在家中传授武僧三十宝拳术麒麟张牙招式

吴鹤、陈绍俊演练佛祖棍法对阵朴刀

吴鹤演练非遗套路莆田南少林佛祖棍法

吴鹤演练南少林朴刀

2022年7月29日莆田市健身气功协会第三届第一次会员大会选举王群担任会长（图为领导授匾现场照片）

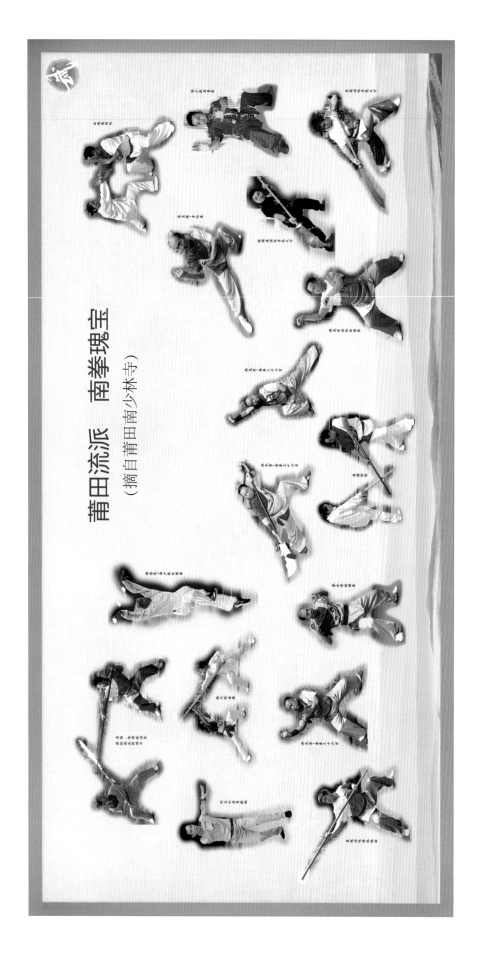

莆田流派　南拳瑰宝

（摘自莆田南少林寺）

莆田崇武文化

莆仙民间崇尚文武之道，在文化发达时期，练功习武也蔚成风尚。古代的书院，都有练武的场所。莆田先后出了十二名武状元，出了三十多位名将和兵部尚书。在历代的保家卫国、抗倭寇犯境的战争中建立了不朽的功勋。

莆仙是一个崇文尚武的地方。古往今来，文风鼎盛，武风盛行。北宋神宗熙宁九年，莆田徐铎、薛奕双双获得文武状元，宋神宗有诗赞曰"一方文武甲天下，四海英雄入彀中"。这是莆田文武之道的殊荣。

莆田在历史上共出了十二个武状元，分别是：

蔡必胜，南宋乾道二年（1166）丙戌科武举第一名；

薛奕，宋神宗熙宁九年（1076）武举第一名；

陈从龙，宋光宗绍熙元年（1190）武举第一名；

叶颙，宋宣和六年（1124）武举殿试第一名；

林定元，明世宗嘉靖元年（1522）武举第一名；

廖标，明世宗嘉靖四年（1525）武举第一名；

陈安定，明世宗嘉靖十六年（1537）武举第一名；

吴泰来，清世宗雍正二年（1724）武举第一名；

林洪，清高宗乾隆十八年（1753）武举第一名；

黄振邦，清高宗乾隆五十九年（1794）武举第一名；

康荔芳，清仁宗嘉庆二十一年（1816）武举第一名；

周玉辉，清德宗光绪十五年（1889）武举第一名。

清代时，莆田作为反清复明的"天地会"发源地，受到清廷的镇压，南少林寺被毁。从此，南少林武术传入民间。

2011年，洪光荣会长申报的《南少林武术》已被福建省人民政府授予福建省非物质文化遗产代表性名录。2018年福建省文化厅命名洪光荣为福建省第四批非物质文化遗产保护项目《南少林武术（莆田）》代表性传承人。

洪光荣为莆田非遗"三十六宝传统拳术"代表性传承人。1980年洪光荣和泉州著名五祖拳拳师黄清江作为中国武术代表团队员出访日本，表演了"三十六宝传统拳"对阵"泉州五祖拳"的精彩对练，轰动日本。2019年莆田市文化和旅游局受匾《莆田市非物质文化遗产传承基地》。

2022年福建省纪委监委官方微信公众号多次播出"一起学非遗三十六宝传统拳"，并在《福建纪检监察》刊出。福建省电视台强国栏目多次播出"三十六宝传统拳"。

后记

1973年湖南长沙出土的汉墓"马王堆3号帛画"——导引图，是目前世界上现存最早的健身养生形体运动资料图，它溯源了中国千年前的健身养生文化史。图中人物有男有女，有老有少，画中人衣装服饰各式异样。由此可见，古老的中医经络康养功法在古代就广受社会各阶层人群喜爱，并且寓乐于健身养生之中。值此新时代，各级部门对中医经络健身养生高度重视，中医经络健身养生文化和功法备受大众推崇。

本书功法源自莆田南少林武术传统内养功法。编著者秉承守正创新的原则，编写成书，虽然简单易学，但作用不可小视。历代祖师奉为绝密，均不轻易泄露和传授。有兴趣或有需求者，可坚持演练，会有效地促进人体经络与体表交会之处的气血运行与濡养，增强人体抗病防病能力。练功后会明显地感觉到全身关节轻松灵活，肌肉放松舒适，疲劳消除，精力充沛。

2019年和2021年，我们相继出版了《莆田南少林武术》和《莆田南少林武术专辑》两本专著。本书功法则是通过刺激人体经络穴位，结合呼吸吐纳，通养全身经脉、机体气血的练功方法。隶属康养范畴，有别于威武雄壮、亦可防身亦可健身的拳械功夫。这三本书基本上记载、传承了莆田南少林武术流传至今的流派、人物、原始套路和功法。

　　中华武术是中华民族伟大的历史遗产，继承它是我们这一代人的福分，弘扬它则是我们这一代人的义务和责任。有幸把所学奉献面世，意在抛砖引玉，供有兴趣者参考和共享，深感欣慰。但是由于时间匆促，难免有不足之处，敬请方家多多谅解。

编著者

致谢

在此向多年来对本协会工作和本书大力支持的单位和个人致以衷心的感谢。

（以下排名不分先后）

林国开　甘式光　林德荣　戴林彬

林建华　徐先棋　王文龙　郑建武

宋宏儒　蔡力松

福建省武术协会

福建省武术运动管理中心

福建省南强武术研究院

莆田南少林寺

莆田南少林研究会

莆田柏龄服饰有限公司